Duden

Übungsheft
Rechtschreibung

3. Klasse

Dudenverlag
Berlin

Vorwort

Liebe Kinder, liebe Eltern,

darf ich mich vorstellen? Mein Name ist Konrad und meine Katze heißt Mia. Ich lese und schreibe für mein Leben gern und möchte meine Leidenschaft gern mit euch teilen.

Ich habe gemerkt, dass man in der Schule viele Dinge lernt, aber manchmal die Zeit fehlt, um das Gelernte zu üben. Ist das bei euch auch so?

Zusammen mit meiner Freundin Frieda und meinem Freund Alex habe ich einen spitzenmäßigen Trainingsplan aufgestellt, der immer nach dem gleichen Prinzip funktioniert – in vier Trainingseinheiten:

Aufwärmen mit Mia
Hier wiederholst du noch einmal, was du eigentlich schon weißt. Es geht darum, deine Grundlagen zum Thema zu festigen.

Taktik mit Konrad
Hier übst du die Regelschreibungen – also Wörter, bei denen du dir die richtige Schreibung durch Regeln herleiten kannst. Dabei helfen dir verschiedene Strategien.

Ausdauertraining mit Frieda
Hier werden Merkschreibungen geübt – also Wörter, bei denen du dir die richtige Schreibung nicht durch Regeln herleiten kannst. Da hilft nur üben, üben, üben!

Nachspielzeit mit Alex
Hier bekommen alle, die noch mehr üben möchten, eine Extraportion Aufgaben. Wenn du auch diese Aufgaben lösen kannst, bist du ein echter Profi.

In jeder der **vier Trainingseinheiten** gibt es jede Menge Übungen für dich, um fit für das „Konrad-Team“ zu werden. Die Schritte sind dabei eigentlich immer gleich:

1. Lies die Aufgabe gründlich und versuche sie zu lösen.
2. Male dem **Smiley** an der Seite ein Gesicht – je nachdem, wie du dich im Umgang mit der Aufgabe selbst einschätzen würdest.
3. Vergleiche deine Lösungen mit den **Lösungen im Mittelteil**. Manchmal geben wir auch gar keine Lösung vor, weil es mehrere Möglichkeiten gibt.

Und das Beste habe ich ja noch gar nicht erwähnt:
Jede Trainingseinheit hat ihre eigene coole **Sammelkarte**, die du ganz vorn im Heft findest. Auf der Rückseite kannst du dir die **Daumen-Hoch-Sticker** aufkleben, sobald eine Übungsseite fertig ist. Für die Nachspielzeit gibt es eine Sonderkarte, die du auf der Rückseite selbst gestalten kannst – beispielsweise um ein Foto von dir aufzukleben.

Frieda, Alex, Mia und ich freuen uns, dich schon bald im „Konrad-Team“ zu begrüßen. Das Wichtigste beim ganzen Üben und Trainieren ist nämlich, dass man auch Spaß dabei hat.
Und den wünschen wir dir jetzt mit diesem Heft!

Dein Konrad

Inhaltsverzeichnis

Groß- und Kleinschreibung

1 **Woran erkennst du die Nomen? Entscheide und kreuze an.**

	Es ist ein Lebewesen.	Es ist eine Pflanze.	Ich kann es anfassen.	Es ist ein Eigenname.
der Fisch				
der Tisch				
der Baum				
das Hemd				
das Kind				
die Tasse				
Omar				
der Tiger				
die Tulpe				
der Schuh				
das Seil				
Paul				
der Hund				
die Banane				
das Auto				
Frau Sturm				

2 **Erkennst Du die Wörter? Ergänze und schreibe zu jedem Nomen den Artikel. Bilde den Plural.**

_____ ▢reund _____

_____ ▢itrone _____

_____ ▢alat _____

_____ ▢all _____

_____ ▢urg _____

_____ ▢eft _____

3 **Markiere in entsprechender Farbe Namen, Gegenstände, Lebewesen und Nomen, die Gefühle, Gedanken oder Zustände beschreiben.**

Zorn Computer Freund Jana Wut Otto Freude Igel Mädchen Junge Stolz Mut Meerschweinchen Glück Frau Müller Ärger

Eigennamen und Nomen schreibst du immer groß.

1 **Welche Artikelwörter stehen vor den Nomen? Suche sie im Text und markiere sie in der entsprechenden Farbe.**

der, die, das
ein, eine, ein
kein, keine, kein

dieser, diese, dieses
jeder, jede, jedes

die, alle, einige

Klassenfest

Alle Kinder bereiten das Fest vor.
Jedes Kind hat eine Aufgabe.
Die Getränke besorgt Emre.
Jeder Gast bringt sein Geschirr mit.
Einige Eltern backen Kuchen.
Für die Tombola sind schon alle Preise da.
Der Hausmeister schaut nach dem Wetter:
keine Wolke zu sehen.
Dieser Tag wird toll!
Dieses Fest wird super!

2 Setze Artikelwort, Adjektiv und Nomen richtig zusammen.

Artikelwort		Adjektiv		Nomen
der, die, das	→	stumpf	→	Anspitzer
kein, keine, kein	→	scharf	→	Schere
ein, eine, ein	→	bunt	→	Mäppchen
dieser, diese, dieses	→	neu	→	Füller
jeder, jede, jedes	→	spitz	→	Bleistift
die, alle, einige	→	rot	→	Buntstifte

Schreibe so:

der stumpfe Anspitzer

3 **Suche passende Wortpaare. Schreibe sie mit Artikel auf.**

sauber frei zärtlich schön gesund
Zärtlichkeit trocken Trockenheit
Freiheit schwierig Schwierigkeit
Sauberkeit Schönheit Gesundheit

Schreibe so:

sauber	die Sauberkeit

? Was fällt dir auf?

An bestimmten Nachbausteinen kannst du erkennen, dass es sich um ein Nomen handelt.

4 **Bilde aus den Adjektiven Nomen. Verwende dafür die Nachbausteine. Trage sie ein. Achte auf den Artikel.**

Adjektiv	Nachbaustein	Nomen		
traurig		die	Traurig	keit
krank		___		
sauber		___		
	-heit			
wahr		___		
frei		___		
	-keit			
ehrlich		___		
neu		___		
ewig		___		
schön		___		

5 **Markiere alle Verben. Bilde mit dem Nachbaustein -ung Nomen. Trage sie mit Artikel ein.**

x	e	z	w	o	h	n	e	n	b	s
l	i	p	q	r	e	v	c	d	e	c
v	l	a	s	k	i	a	h	l	b	h
u	a	x	e	p	z	o	m	e	n	a
m	n	b	n	u	e	v	i	i	o	l
k	d	c	d	f	n	r	g	t	h	t
j	e	f	e	m	u	d	p	e	s	e
h	n	a	n	l	m	e	i	n	e	n
d	u	w	t	a	b	h	r	t	s	o
a	h	x	e	n	i	l	a	d	e	n

die Wohnung

-ung

6 Bilde zu den Nomen mit den Nachbausteinen -nis und -in den Plural.

das Zeug	nis	
die Zeug	nis	se
das Hinder	nis	
das Erleb	nis	
das Geheim	nis	
das Ergeb	nis	
das Gefäng	nis	
das Ärger	nis	
das Geständ	nis	

die Spieler	in	
die Spieler	in	nen
die Frisör	in	
die Tänzer	in	
die Schüler	in	
die König	in	
die Lehrer	in	
die Geiger	in	
die Gärtner	in	

Mit dem Nachbaustein **-in** werden weibliche Formen gebildet.

7 **Suche passende Paare. Schreibe sie auf.**

magnetisch · der Durst · neidisch · der Neid · windig · witzig · kindlich · der Freund · freundlich · sportlich · das Kind · der Wind · sommerlich · das Eis · der Magnet · der Witz · durstig · der Sommer · eisig · der Sport

der Sommer	sommerlich

8 **Welche Nachbausteine bestimmen die Kleinschreibung? Schreibe sie auf.**

9 **Bilde aus den Nomen Adjektive. Verwende dafür die Nachbausteine. Trage sie ein. Markiere.**

Nomen	Nachbaustein	Adjektive	
der Fels		fels	ig
das Gelenk			
der Sand	-ig		
das Herz			
das Glück	-lich		
der Feind			
das Quadrat	-isch		
der Mensch			
der Automat			

1 **Suche zu jedem Nomen den passenden Plural. Verbinde. Manche Nomen haben unterschiedliche Pluralformen.**

das Album
der Atlas
der Globus
der Kaktus
das Lexikon
das Museum
die Pizza
der Rhythmus
der/das Virus
das Visum

die Lexika
die Globusse
die Pizzen
die Museen
die Atlanten
die Rhythmen
die Alben
die Atlasse
die Visa
die Pizzas
die Kakteen
die Viren
die Globen

2 **Welche der Pluralformen hast du dir gemerkt oder welche benutzt du? Schreibe sie auf.**

3 Zu welchen Nomen gibt es keine Pluralform? Schreibe sie mit Artikel auf.

Gefühl Apfel Schmerz Schuh Eis

Hand All Ärger Heu Laub

Wiese Glück Wut Schnee Schlaf

Ohr Durst Lärm Wetter Hunger

Auge Hass Trauer Birne

der Ärger, ______________________________

____

____

____

4 Hast du dir Wörter gemerkt? Schreibe sie auswendig auf. Kontrolliere.

____

____

____

5 **Vergleiche die Nomen in den beiden Länderkästen. Was ist anders? Markiere.**

smartphone link chat blog laptop
touchscreen monitor emoticon tablet
stick flatrate selfie homepage cursor

Flatrate Link Tablet Touchscreen Blog
Monitor Chat Emoticon Cursor
Smartphone Stick Selfie
Homepage Laptop

? Was fällt dir auf?

____

____

6 **Kannst du die Wörter aus dem grünen Kasten auswendig aufschreiben? Versuche es. Vergleiche.**

____

____

____

7 **Schreibe die Namen der Bundesländer geordnet auf.**

Bremen Hamburg Niedersachsen Hessen
Schleswig-Holstein Bayern Saarland Sachsen
Sachsen-Anhalt Thüringen Rheinland-Pfalz
Baden-Württemberg Mecklenburg-Vorpommern
Brandenburg Berlin Nordrhein-Westfalen

mit Doppelnamen	ohne Doppelnamen

? Wie kommen die Doppelnamen zustande?

1 **Zerlege die Nomen in ihre Wortbausteine. Trage sie ein.**

Herz|lich|keit Feuchtigkeit Schnelligkeit

Leichtigkeit Genauigkeit Sportlichkeit

Peinlichkeit

die	Herz	lich	keit
______			
______			
______			
______			
______			
______			

2 **Hast du dir alle Nachbausteine gemerkt, die die Großschreibung bestimmen?**

☐ ☐ ☐ ☐ ☐

3 **Groß oder klein? Verbessere den Text.**

protestmarsch der tiere

vor einer buchhandlung versammeln sich viele tiere. sie planen einen protestmarsch, weil dieser laden keine märchenbücher mehr verkaufen will. aus allen richtungen kommen die tiere. der gestiefelte kater ist aus seinem schloss angereist und der unglückliche frosch aus seinem brunnen. sogar den störrischen esel kann man in der menge erkennen, sogar hase und igel. der schlaue fuchs tritt mit dem starken wolf nach vorne. er hält eine feurige rede. die sieben geißlein meckern vor begeisterung und die goldene gans schnattert, so laut sie kann. auch der stolze hahn kräht aus vollem halse. übertönt werden sie nur noch von den sieben raben. gab es jemals so viel einigkeit? nie! dieser fürchterliche lärm wird der buchhändlerin zu viel. sie tritt genervt vor die tür und verspricht, ab sofort wieder märchenbücher zu verkaufen. die versammlung löst sich fröhlich auf.

Groß schreibst du am Satzanfang nach: Punkt ., Fragezeichen ? und Ausrufezeichen !.

Schwierige Laute

1 Sprich deutlich. Ergänze die Endung: -er, -en oder -el.

der Met	er	der Spat		die Schauf	
der Eim		der Bes		das Seg	
die Leit		das Märch		das Kab	
das Fenst		der Of		die Taf	

2 Setze Silbenbögen. Zähle die Silbenbögen.

Vogelkäfigtürenreparaturwerkstatt ☐

Burggespensterflugübungsunterrichtsstunde ☐

Rumpelkammertürschlossschlüssel ☐

Krepppapierschleifenaufhängerhaken ☐

3 **Löse das Kreuzworträtsel. Markiere Pfl-, Spr-, Schl-, Schr- und Str-.**

4 **Sprich die Wörter deutlich. Fülle die Lücken aus.**

Garten – Karten | bellen – pellen | Deich – Teich
backen – packen | danken – tanken

Ich spiele im ___arten mit ___arten. Fritz ___ellt die Wurst und Bello ___ellt dazu. Hinterm ___eich ist ein ___eich. Papa ___ackt Muffins und ___ackt sie ein. Der Tankwart ___ankt und Oma ___ankt.

Wenn du sehr deutlich sprichst, spürst du bei P, T und K einen Luftstrom an der vorgehaltenen Hand.

Schwierige Laute

1 **Trage den Plural ein. Schreibe die Nomen im Singular auf. Markiere den Auslaut.**

 alle Hem den also → das Hemd

 einige ______ also → ___ ______

 die ______ also → ___ ______

 diese ______ also → ___ ______

 keine ______ also → ___ ______

 alle ______ also → ___ ______

 einige ______ also → ___ ______

 diese ______ also → ___ ______

 die ______ also → ___ ______

 alle ______ also → ___ ______

2 **Verbinde, was zusammenpasst. Ergänze bei den Adjektiven die fehlenden Silben.**

die gesun___	Kulturen
das mil___	Helfer
die frem___	Politik
der muti___	Ernährung
die klu___	Klima

3 **Ergänze die Tabelle und markiere die schwierigen Laute.**

Grundstufe	1. Vergleichsstufe	2. Vergleichsstufe
	schrä – ger	am schrägsten
	wil – der	
	lie – ber	
	mil – der	
	mu – ti – ger	

Wenn du nicht weißt, wie man ein Wort am Ende schreibt, kannst du es verlängern.

4 **Mache das b und das g hörbar: Bilde die Grundform. Schreibe die Verben in Silben getrennt auf.**

Sie übt einen Salto. → ü ben

Ihr sagt kein Wort. → ______

Er fragt ständig. → ______

Sie zeigt den Weg. → ______

Er lebt auf dem Land. → ______

Ihr gebt keine Antwort. → ______

Du steigst später ein. → ______

5 **Setze die passende Personalform ein.**

traben — Das Pony ______ heran.

steigen — Sini ______ aufs Pony.

fegen — Sie ______ über die Weide.

geben — Danach ______ sie ihrem Pony einen Apfel.

lieben — Sini ______ ihr Pony sehr.

6 **Dem b auf der Spur: Markiere es in den verwandten Wörtern.**

der Verliebte
die Liebe
er liebt
lieben
lieblich
unbeliebt
die Lieblichkeit
der Liebling
liebevoll
lieblos
lieb
am liebsten
liebkosen
das Lieblingsbuch
beliebig
der Liebreiz
liebhaben
liebäugeln

7 **Schreibe weitere Wörter zur Wortfamilie fliegen auf. Markiere in jedem Wort das g.**

8 **Verlängere das Wort, indem du die Grundform bildest. Schreibe sie in Silben getrennt auf. Markiere das h.**

er geht ge-hen | ihr fleht ______
ihr seht ______ | es zieht ______
er kräht ______ | ihr flieht ______
sie droht ______ | sie mäht ______
es ruht ______ | es weht ______

9 **Mache das h hörbar. Bilde den Plural und schreibe ihn in Silben getrennt auf.**

der Schuh ______ | der Zeh ______
das Reh ______ | der Floh ______

? Warum heißt dieses „h“ wohl „silbentrennendes h“?

______

______

10 Markiere in jeder Wortfamilie das h. Schreibe das passende Verb in Silben dazu.

die Naht, er näht
das Nähzeug,
die Nähnadel,
die Nähmaschine

____ ____

die Gehzeit,
er geht, der Gehweg,
begehbar, vergeht

____ ____

der Drehpunkt,
sie dreht,
die Drehbewegung,
gedreht, die Drehtür

____ ____

der Sehtest,
der Sehfehler,
ihr seht, aus Versehen,
die Sehschule

____ ____

11 Wie machst du das h hörbar? Schreibe auf.

Kuhmilch ____________	Leihrad ____________
nah ____________	Kostümverleih ____________

12 Bilde den Plural. Markiere a und ä.

die Hand *die Hände*
ein Land ______
kein Garten ______
die Bank ______
diesen Mantel ______
der Draht ______

13 Überlege und ergänze.

	verwandtes Wort mit A/a ?	Plural
	*der Apfel*	*die Äpfel*

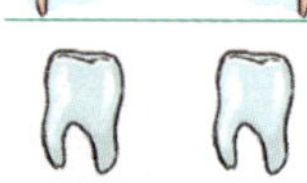		

14 **Verbinde verwandte Wörter.**

unverkäuflich		verträumt
das Feuer	kaufen	die Glätte
träumerisch	der Raub	der Freund
glätten	der Traum	die Fängerin
das Gefängnis	glatt	die Leute
freuen	der Fang	die Räuberbande
räuberisch		der Käufer

15 **Welche Wörter bleiben übrig? Schreibe sie auf.**

____

Warum? ______________________________

1 Sortiere die Wörter und trage sie ein.

der Experte der Dachs der Ochse die Box extra wachsen der Fuchs extrem sechs nächste die Hexe die Echse boxen das Experiment der Luchs das Lexikon die Büchse der Text die Axt das Taxi der Lachs das Exemplar

chs	x

? Was fällt dir bei den Tiernamen auf?

2 **Markiere chs und x. Decke das Wort ab und schreibe es auswendig auf. Kontrolliere.**

		kontrolliert √
der Dachs		
sechs		
das Experiment		
der Ochse		
die Box		
das Lexikon		
der Fuchs		
die Hexe		
die Büchse		

3 **Decke Übung 2 zu. Welche Wörter hast du dir gemerkt? Schreibe sie auf.**

chs: ______________________________

____

x: ______________________________

____

4 Trage alle Wörter mit ai ein. Markiere.

die Kaimauer
der Taifun
der Main
der Brotlaib
der Fischlaich
der Laie
Mailand
der Kaiser
die Mail
die Weise
die Geigensaite
bleich
der Mai
die Seite
der Leib
der Hai
der Mais
die Leiche
weich
das Waisenkind

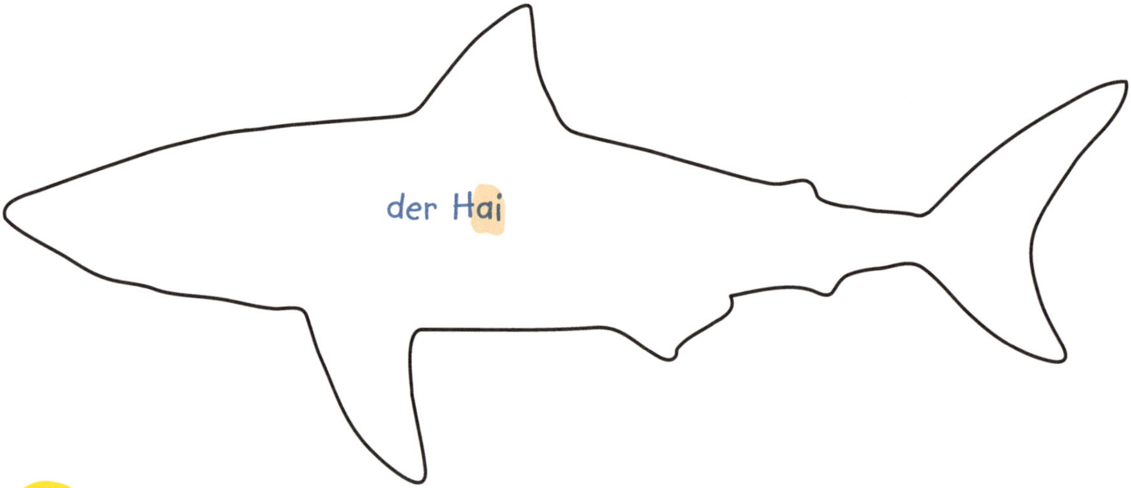

5 **Ergänze das Nomen. Markiere die Merkstelle.**

der Käse	der Käse kuchen	das ________ messer
der Käfer	der Marien________	der Borken________
die Träne	die Krokodils________	die Freuden________
der Lärm	der Straßen________	die ________ belästigung
der März	die ________ sonne	die ________ glöckchen
die Säule	die Litfaß________	die Zapf________

6 **Setze die Personalformen der Verben ein. Markiere die Merkstelle.**

sich sträuben	er ________ sich	sie ________ sich
sich räuspern	wir ________ uns	sie ________ sich
sich verspäten	ich ________ mich	sie ________ sich

Bei diesen Wörtern gibt es keine Wortverwandtschaft mit **a** und **au**. Da hilft nur üben!

7 **Sortiere die Wörter und trage sie ein.**

das Vitamin das Veilchen die Vase der Vulkan der Vater der Vogel das Verb voll vor der Vers von die Vanille vielleicht viel die Villa

f

der Vogel

w

die Vase

8 **Löse das Rätsel und schreibe auf. Markiere die schwierige Stelle.**

das Vieh ein Vampir Vokale die Violine viel der Vulkan vier

a, e, i, o, u sind	Vokale
ein Saiteninstrument	
feuerspeiender Berg	
steht im Stall und auf der Wiese	
nach drei kommt	
kein Mensch, kein Tier	

9 **Lies diese häufig falsch geschriebenen Wörter. Schreibe sie zum Üben mehrmals bunt dazwischen.**

während wohl von

zwischen

ziemlich

deshalb

jetzt ab

sehr

sind

ob vor sogar

bis

deshalb bald

ohne

trotzdem

nichts

vier deshalb

niemand

durch

viel

deshalb

weg

im

ganz

man nämlich

herab

vielleicht

1 **Suche zu jeder markierten Merkstelle ein Wort, das hilft, sie richtig zu schreiben. Schreibe auf.**

blasen die Farbe sauer lieben
die Stände stehen die Züge das Fach
lügen fliehen die Strände verraten
braten der Fremde klüger der Nacken

das Stehcafé *stehen*	die Postfächer ______
die Fliehkraft ______	die Strandbar ______
der Zugbegleiter ______	der Eisstand ______
er log ______	du brätst ______
der Glasbläser ______	der Liebling ______
färben ______	die Fremdsprache ______
der Verräter ______	die Säure ______
klug ______	hartnäckig ______

2 **Lies den Text. Bearbeite die Sprechblasen.**

Finde ein verwandtes Wort mit au.

Verlängere das Wort.

Der Räuber lebt in einer Hütte.

Verlängere das Wort.

Er trägt einen alten Mantel und warme Stiefel.

Finde ein verwandtes Wort mit au.

Auf seinem Mantelkragen hüpfen winzige Läuse.

Verlängere die Wörter.

Gibt es in seiner Hütte kein Bad?

Verlängere das Wort.

Der Räuber zieht den kalten See vor.

Verlängere die Wörter.

Welche Laus mag das? Eine nach der anderen flieht.

der Raub ____________

____

____

____

____

____

____

Langer und kurzer Vokal

1 Lies die Wörter laut und deutlich. Markiere in jeder ersten Silbe den betonten Vokal: a, e, i, o, u, ä, ö, ü mit einem ↓.

die Hüte   die Katze   leben   der Hund

baden   die Kröte   raten   die Torte

der Bagger   schneller   schlimm   gut

die Birne   die Düse   der Bär   der Keller

2 Sprich die Wortpaare langsam und deutlich. Markiere den betonten kurz gesprochenen Vokal mit einem Punkt •, den lang gesprochenen mit einem Strich —.

die Hüte – die Hütte   der Ofen – offen

der Haken – hacken   der Wall – der Wal

der Damm – die Dame   die Blase – blass

die Mitte – die Miete   still – der Stiel

die Schale – der Schall   die Ratte – raten

Groß- und Kleinschreibung

1 Woran erkennst du die Nomen? Entscheide und kreuze an.

	Es ist ein Lebewesen.	Es ist eine Pflanze.	Ich kann es anfassen.	Es ist ein Eigenname.
der Fisch	X		X	
der Tisch			X	
der Baum		X	X	
das Hemd			X	
das Kind	X		X	
die Tasse			X	
Omar				X
der Tiger	X		X	
die Tulpe		X	X	
der Schuh			X	
das Seil			X	
Paul				X
der Hund	X		X	
die Banane		X	X	
das Auto			X	
Frau Sturm				X

2 Erkennst Du die Wörter? Ergänze und schreibe zu jedem Nomen den Artikel. Bilde den Plural.

der F reund – die Freunde
die Z itrone – die Zitronen
der S alat – die Salate
der B all – die Bälle
die B urg – die Burgen
das H eft – die Hefte

3 Markiere in entsprechender Farbe Nomen, Gegenstände, Lebewesen und Nomen, die Gefühle, Gedanken oder Zustände beschreiben.

Zorn, Jana, Computer, Freund, Wut, Otto, Freude, Igel, Mädchen, Junge, Stolz, Mut, Meerschweinchen, Glück, Frau Müller, Ärger

Eigennamen und Nomen schreibst du immer groß.

1 Welche Artikelwörter stehen vor den Nomen? Suche sie im Text und markiere sie in der entsprechenden Farbe.

der, die, das
ein, eine, ein
kein, keine, kein

dieser, diese, dieses
jeder, jede, jedes

die, alle, einige

Klassenfest
Alle Kinder bereiten das Fest vor.
Jedes Kind hat eine Aufgabe.
Die Getränke besorgt Emre.
Jeder Gast bringt sein Geschirr mit.
Einige Eltern backen Kuchen.
Für die Tombola sind schon alle Preise da.
Der Hausmeister schaut nach dem Wetter:
keine Wolke zu sehen.
Dieser Tag wird toll!
Dieses Fest wird super!

2 Setze Artikelwort, Adjektiv und Nomen richtig zusammen.

Artikelwort		Adjektiv		Nomen
der, die, das	→	stumpf	→	Anspitzer
kein, keine, kein	→	scharf	→	Schere
ein, eine, ein	→	bunt	→	Mäppchen
dieser, diese, dieses	→	neu	→	Füller
jeder, jede, jedes	→	spitz	→	Bleistift
die, alle, einige	→	rot	→	Buntstifte

Schreibe so:

der stumpfe Anspitzer, keine scharfe Schere,
ein buntes Mäppchen, dieser neue Füller,
jeder spitze Bleistift, die roten Buntstifte /
alle roten Buntstifte / einige rote Buntstifte

3 Suche passende Wortpaare. Schreibe sie mit Artikel auf.

sauber frei zärtlich schön gesund Zärtlichkeit trocken Trockenheit Freiheit schwierig Schwierigkeit Sauberkeit Schönheit Gesundheit

Schreibe so:

sauber	die Sauberkeit
frei	die Freiheit
zärtlich	die Zärtlichkeit
schön	die Schönheit
gesund	die Gesundheit
trocken	die Trockenheit
schwierig	die Schwierigkeit

? Was fällt dir auf?

Mit den Nachbausteinen -heit und -keit wird ein Adjektiv zu einem Nomen.

An bestimmten Nachbausteinen kannst du erkennen, dass es sich um ein Nomen handelt.

4 Bilde aus den Adjektiven Nomen. Verwende dafür die Nachbausteine. Trage sie ein. Achte auf den Artikel.

Nachbausteine: -heit, -keit

Adjektiv		Nomen
traurig	die	Traurig keit
krank	die	Krank heit
sauber	die	Sauber keit
wahr	die	Wahr heit
frei	die	Frei heit
ehrlich	die	Ehrlich keit
neu	die	Neu heit
ewig	die	Ewig keit
schön	die	Schön heit

5 Markiere alle Verben. Bilde mit dem Nachbaustein -ung Nomen. Trage sie mit Artikel ein.

x	e	z	w	o	h	n	e	n	b	s
l	i	p	q	r	e	v	c	d	e	c
v	l	a	s	k	i	a	h	l	b	h
u	a	x	e	p	z	o	m	e	n	a
m	n	b	n	u	e	v	i	i	o	l
k	d	c	d	f	n	r	g	t	h	t
j	e	f	e	m	u	d	p	e	s	e
h	n	a	n	l	m	e	i	n	e	n
d	u	w	t	a	b	h	r	t	s	o
a	h	x	e	n	i	l	a	d	e	n

-ung

die Landung

die Sendung

die Wohnung

die Heizung

die Ladung

die Leitung

die Meinung

die Schaltung

6 Bilde zu den Nomen mit den Nachbausteinen -nis und -in den Plural.

das Zeug	nis		die Spieler	in	
die Zeug	nis	se	die Spieler	in	nen
das Hinder	nis		die Frisör	in	
die Hinder	nis	se	die Friseur	in	nen
das Erleb	nis		die Tänzer	in	
die Erleb	nis	se	die Tänzer	in	nen
das Geheim	nis		die Schüler	in	
die Geheim	nis	se	die Schüler	in	nen
das Ergeb	nis		die König	in	
die Ergeb	nis	se	die König	in	nen
das Gefäng	nis		die Lehrer	in	
die Gefäng	nis	se	die Lehrer	in	nen
das Ärger	nis		die Geiger	in	
die Ärger	nis	se	die Geiger	in	nen
das Geständ	nis		die Gärtner	in	
die Geständ	nis	se	die Gärtner	in	nen

Mit dem Nachbaustein -in werden weibliche Formen gebildet.

7 Suche passende Paare. Schreibe sie auf.

neidisch magnetisch der Durst windig witzig der Neid kindlich der Freund freundlich sportlich das Kind der Wind sommerlich das Eis der Magnet der Witz durstig der Sommer eisig der Sport

der Sommer	sommerlich
der Freund	freundlich
das Kind	kindlich
der Magnet	magnetisch
der Neid	neidisch
der Durst	durstig
der Wind	windig
das Eis	eisig
der Witz	witzig
der Sport	sportlich

8 Welche Nachbausteine bestimmen die Kleinschreibung? Schreibe sie auf.

-lich -ig -isch

9 Bilde aus den Nomen Adjektive. Verwende dafür die Nachbausteine. Trage sie ein. Markiere.

Nomen	Nachbaustein	Adjektive
der Fels		fels ig
das Gelenk		gelenk ig
der Sand	-ig	sand ig
das Herz		herz lich
das Glück	-lich	glück lich
der Feind		feind lich
das Quadrat	-isch	quadrat isch
der Mensch		mensch lich
der Automat		automat isch

1 Suche zu jedem Nomen den passenden Plural. Verbinde. Manche Nomen haben unterschiedliche Pluralformen.

	die Lexika
	die Globusse
das Album	die Pizzen
der Atlas	die Museen
der Globus	die Atlanten
der Kaktus	die Rhythmen
das Lexikon	die Alben
das Museum	die Atlasse
die Pizza	die Visa
der Rhythmus	die Pizzas
der/das Virus	die Kakteen
das Visum	die Viren
	die Globen

2 Welche der Pluralformen hast du dir gemerkt oder welche benutzt du? Schreibe sie auf.

(individuelle Lösung)

3 Zu welchen Nomen gibt es keine Pluralform? Schreibe sie mit Artikel auf.

Gefühl Apfel Schmerz Schuh Eis Hand All Ärger Heu Laub Wiese Glück Wut Schnee Schlaf Ohr Durst Lärm Wetter Hunger Auge Hass Trauer Birne

der Ärger, das Eis, das All, das Heu, das Laub, das Glück, die Wut, der Schnee, der Schlaf, der Durst, der Lärm, das Wetter, der Hunger, der Hass, die Trauer

4 Hast du dir Wörter gemerkt? Schreibe sie auswendig auf. Kontrolliere.

(individuelle Lösung)

5 Vergleiche die Nomen in den beiden Länderkästen. Was ist anders? Markiere.

smartphone link chat blog laptop
touchscreen monitor emoticon tablet
stick flatrate selfie homepage cursor

Flatrate Link Tablet Touchscreen Blog
Monitor Chat Emoticon Cursor
Smartphone Stick Selfie
Homepage Laptop

? Was fällt dir auf?

Alle Nomen, auch wenn sie aus einer anderen Sprache kommen, werden im Deutschen großgeschrieben.

6 Kannst du die Wörter aus dem grünen Kasten auswendig aufschreiben? Versuche es. Vergleiche.

(individuelle Lösung)

7 Schreibe die Namen der Bundesländer geordnet auf.

Bremen Hamburg Niedersachsen Hessen
Schleswig-Holstein Bayern Saarland Sachsen
Sachsen-Anhalt Thüringen Rheinland-Pfalz
Baden-Württemberg Mecklenburg-Vorpommern
Brandenburg Berlin Nordrhein-Westfalen

mit Doppelnamen	ohne Doppelnamen
Schleswig-Holstein	Bremen
Sachsen-Anhalt	Hamburg
Rheinland-Pfalz	Niedersachsen
Baden-Württemberg	Hessen
Mecklenburg-Vorpommern	Bayern
Nordrhein-Westfalen	Saarland
	Sachsen
	Thüringen
	Brandenburg
	Berlin

? Wie kommen die Doppelnamen zustande?

Manche Bundesländer bestehen aus zwei Landesteilen, die jeweils einen eigenen Namen haben. Schleswig-Holstein zum Beispiel besteht aus Schleswig und Holstein.

1 Zerlege die Nomen in ihre Wortbausteine. Trage sie ein.

Herz|lich|keit Feuchtigkeit Schnelligkeit
Leichtigkeit Genauigkeit Sportlichkeit
Peinlichkeit

die	Herz	lich	keit
die	Feucht	ig	keit
die	Schnell	ig	keit
die	Leicht	ig	keit
die	Genau	ig	keit
die	Sport	lich	keit
die	Pein	lich	keit

2 Hast du dir alle Nachbausteine gemerkt, die die Großschreibung bestimmen?

-keit -heit -ung -nis -in

3 Groß oder klein? Verbessere den Text.

Alle markierten Buchstaben müssen großgeschrieben werden!

protestmarsch der tiere

vor einer buchhandlung versammeln sich viele tiere. sie planen einen protestmarsch, weil dieser laden keine märchenbücher mehr verkaufen will. aus allen richtungen kommen die tiere. der gestiefelte kater ist aus seinem schloss angereist und der unglückliche frosch aus seinem brunnen. sogar den störrischen esel kann man in der menge erkennen, sogar hase und igel. der schlaue fuchs tritt mit dem starken wolf nach vorne. er hält eine feurige rede. die sieben geißlein meckern vor begeisterung und die goldene gans schnattert, so laut sie kann. auch der stolze hahn kräht aus vollem halse. übertönt werden sie nur noch von den sieben raben. gab es jemals so viel einigkeit? nie! dieser fürchterliche lärm wird der buchhändlerin zu viel. sie tritt genervt vor die tür und verspricht, ab sofort wieder märchenbücher zu verkaufen. die versammlung löst sich fröhlich auf.

Groß schreibst du am Satzanfang nach: Punkt, Fragezeichen ? und Ausrufezeichen !

Schwierige Laute

1 Sprich deutlich. Ergänze die Endung: -er, -en oder -el.

der Met	er	der Spat	en	die Schauf	el
der Eim	er	der Bes	en	das Seg	el
die Leit	er	das Märch	en	das Kab	el
das Fenst	er	der Of	en	die Taf	el

2 Setze Silbenbögen. Zähle die Silbenbögen.

Vogelkäfigtürenreparaturwerkstatt 12

Burggespensterflugübungsunterrichtsstunde 11

Rumpelkammertürschlossschlüssel 8

Kreppapierschleifenaufhängerhaken 10

3 Löse das Kreuzworträtsel. Markiere Pfl-, Spr-, Schl-, Schr- und Str-.

		S					S
		C					C
S		H			S		H
P	F	L	A	S	T	E	R
R		E			R		A
I		I			A		U
T		F			ß		B
Z		E			E		E
E							

4 Sprich die Wörter deutlich. Fülle die Lücken aus.

Garten – Karten | bellen – pellen | Deich – Teich
backen – packen | danken – tanken

Ich spiele im **G** arten mit **K** arten. Fritz **p** ellt die Wurst und Bello **b** ellt dazu. Hinterm **D** eich ist ein **T** eich. Papa **b** ackt Muffins und **p** ackt sie ein. Der Tankwart **t** ankt und Oma **d** ankt.

Wenn du sehr deutlich sprichst, spürst du bei P, T und K einen Luftstrom an der vorgehaltenen Hand.

1 Trage den Plural ein. Schreibe die Nomen im Singular auf. Markiere den Auslaut.

alle	Hem den	also	das Hemd	
einige	Ber ge	also	der	Berg
die	Sie be	also	das	Sieb
diese	Rä der	also	das	Rad
keine	Kör be	also	der	Korb
alle	Bro te	also	das	Brot
einige	Zel te	also	das	Zelt
diese	Hü te	also	der	Hut
die	Hun de	also	der	Hund
alle	Pfer de	also	das	Pferd

2 Verbinde, was zusammenpasst. Ergänze bei den Adjektiven die fehlenden Silben.

die gesun**de** – Klima
das mil**de** – Politik
die frem**den** – Kulturen
der muti**ge** – Helfer
die klu**ge** – Ernährung

Kulturen, Helfer, Politik, Ernährung, Klima

3 Ergänze die Tabelle und markiere die schwierigen Laute.

Grundstufe	1. Vergleichsstufe	2. Vergleichsstufe
schräg	schrä – ger	am schrägsten
wild	wil – der	am wildesten
lieb	lie – ber	am liebsten
mild	mil – der	am mildesten
mutig	mu – ti – ger	am mutigsten

Wenn du nicht weißt, wie man ein Wort am Ende schreibt, kannst du es verlängern.

4 Mache das b und das g hörbar: Bilde die Grundform.
Schreibe die Verben in Silben getrennt auf.

Sie übt einen Salto.	→	ü ben
Ihr sagt kein Wort.	→	sa gen
Er fragt ständig.	→	fra gen
Sie zeigt den Weg.	→	zei gen
Er lebt auf dem Land.	→	le ben
Ihr gebt keine Antwort.	→	ge ben
Du steigst später ein.	→	stei gen

5 Setze die passende Personalform ein.

traben	Das Pony trabt heran.
steigen	Sini steigt aufs Pony.
fegen	Sie fegt über die Weide.
geben	Danach gibt sie ihrem Pony einen Apfel.
lieben	Sini liebt ihr Pony sehr.

6 Dem b auf der Spur: Markiere es in den verwandten Wörtern.

der Verliebte, die Liebe, er liebt, lieben, lieblich, unbeliebt, die Lieblichkeit, der Liebling, liebevoll, lieblos, lieb, am liebsten, liebkosen, das Lieblingsbuch, beliebig, der Liebreiz, liebhaben, liebäugeln

7 Schreibe weitere Wörter zur Wortfamilie fliegen auf.
Markiere in jedem Wort das g.

mögliche Lösungen:

8 Verlängere das Wort, indem du die Grundform bildest.
Schreibe sie in Silben getrennt auf. Markiere das h.

er geht	ge-hen	ihr fleht	fle-hen
ihr seht	se-hen	es zieht	zie-hen
er kräht	krä-hen	ihr flieht	flie-hen
sie droht	dro-hen	sie mäht	mä-hen
es ruht	ru-hen	es weht	we-hen

9 Mache das h hörbar. Bilde den Plural und schreibe ihn in Silben getrennt auf.

der Schuh	die Schu-he	der Zeh	die Ze-hen
das Reh	die Re-he	der Floh	die Flö-he

? Warum heißt dieses „h" wohl „silbentrennendes h"?
Das silbentrennende h hört man, wenn man ein Wort verlängert (in Silben trennt), am Silbenanfang.

10 Markiere in jeder Wortfamilie das h. Schreibe das passende Verb in Silben dazu.

die Naht, er näht, das Nähzeug, die Nähnadel, die Nähmaschine
nä hen

die Gehzeit, er geht, der Gehweg, begehbar, vergeht
ge hen

der Sehtest, der Sehfehler, ihr seht, aus Versehen, die Sehschule
se hen

der Drehpunkt, sie dreht, die Drehbewegung, gedreht, die Drehtür
dre hen

11 Wie machst du das h hörbar? Schreibe auf.

Kuhmilch	die Kü-he	Leihrad	lei-hen
nah	nä-her	Kostümverleih	verlei-hen

12 Bilde den Plural. Markiere a und ä.

die Hand – die Hände	die Bank – die Bän-ke
ein Land – einige Län-der	diesen Mantel – diese Män-tel
kein Garten – Keine Gär-ten	der Draht – die Dräh-te

13 Überlege und ergänze.

verwandtes Wort mit A/a?	Plural
der Apfel	die Äpfel
(Kein verwandtes Wort mit A/a →die Schmetterlinge – der Schmetterling)	
das Blatt	die Blätter
(Kein verwandtes Wort mit a →die Feen – die Fee)	
der Zahn	die Zähne
(Kein verwandtes Wort mit a →die Berge – der Berg)	
die Kräne	der Kran

Wörter mit ä/äu haben oft ein verwandtes Wort mit a/au.

14 Verbinde verwandte Wörter.

unverkäuflich		verträumt
das Feuer	kaufen	die Glätte
träumerisch	der Raub	der Freund
glätten	der Traum	die Fängerin
das Gefängnis	glatt	die Leute
freuen	der Fang	die Räuberbande
räuberisch		der Käufer

15 Welche Wörter bleiben übrig? Schreibe sie auf.

das Feuer, freuen, der Freund, die Leute

Warum? Für diese Wörter gibt es Keinen Verwandten mit au.

1 Sortiere die Wörter und trage sie ein.

der Experte der Dachs der Ochse die Box extra wachsen der Fuchs extrem sechs nächste die Hexe die Echse boxen das Experiment der Luchs das Lexikon die Büchse der Text die Axt das Taxi der Lachs das Exemplar

chs	x
der Dachs	der Experte
der Ochse	die Box
wachsen	extra
der Fuchs	extrem
sechs	die Hexe
nächste	boxen
die Echse	das Experiment
der Luchs	das Lexikon
die Büchse	der Text
der Lachs	die Axt
	das Taxi
	das Exemplar

? Was fällt dir bei den Tiernamen auf?

Die Tiernamen werden alle mit chs geschrieben.

2 Markiere chs und x. Decke das Wort ab und schreibe es auswendig auf. Kontrolliere.

kontrolliert ✓

der Dachs

sechs

das Experiment (individuelle Lösung)

der Ochse

die Box

das Lexikon

der Fuchs

die Hexe

die Büchse

3 Decke Übung 2 zu. Welche Wörter hast du dir gemerkt? Schreibe sie auf.

chs: (individuelle Lösung)

x: (individuelle Lösung)

4 Trage alle Wörter mit ai ein. Markiere.

die Kaimauer der Taifun der Main der Brotlaib der Fischlaich der Laie Mailand die Mail der Kaiser bleich die Weise die Geigensaite der Mai die Seite der Leib der Hai der Mais die Leiche weich das Waisenkind

5 Ergänze das Nomen. Markiere die Merkstelle.

der Käse	der Käse kuchen	das Käse messer
der Käfer	der Marien Käfer	der Borken Käfer
die Träne	die Krokodils träne	die Freuden träne
der Lärm	der Straßen lärm	die Lärm belästigung
der März	die März sonne	die März glöckchen
die Säule	die Litfaß säule	die Zapf säule

6 Setze die Personalformen der Verben ein. Markiere die Merkstelle.

sich sträuben	er sträubt sich	sie sträuben sich
sich räuspern	wir räuspern uns	sie räuspern sich
sich verspäten	ich verspäte mich	sie verspäten sich

Bei diesen Wörtern gibt es keine Wortverwandtschaft mit a und au. Da hilft nur üben!

7 Sortiere die Wörter und trage sie ein.

das Vitamin das Veilchen die Vase der Vulkan der Vater der Vogel das Verb voll vor der Vers von vielleicht viel die Villa die Vanille

f: der Vogel, der Vater, das Veilchen, vor, der Vers, von, viel, voll, vielleicht

w: die Vase, der Vulkan, die Villa, die Vanille, das Vitamin, das Verb

8 Löse das Rätsel und schreibe auf. Markiere die schwierige Stelle.

das Vieh ein Vampir Vokale die Violine viel der Vulkan vier

a, e, i, o, u sind	Vokale
ein Saiteninstrument	die Violine
feuerspeiender Berg	der Vulkan
steht im Stall und auf der Wiese	das Vieh
nach drei kommt	vier
kein Mensch, kein Tier	ein Vampir

9 Lies diese häufig falsch geschriebenen Wörter. Schreibe sie zum Üben mehrmals bunt dazwischen.

während wohl von zwischen ziemlich deshalb jetzt sehr ab sind ob vor sogar bis deshalb bald ohne nichts trotzdem vier deshalb durch niemand viel deshalb weg ganz im man nämlich herab vielleicht

(individuelle Lösung)

1 Suche zu jeder markierten Merkstelle ein Wort, das hilft, sie richtig zu schreiben. Schreibe auf.

blasen die Farbe sauer lieben
die Stände stehen die Züge das Fach
lügen fliehen die Strände verraten
braten der Fremde klüger der Nacken

das Stehcafé stehen	die Postfächer das Fach
die Fliehkraft fliehen	die Strandbar die Strände
der Zugbegleiter die Züge	der Eisstand die Stände
er log lügen	du brätst braten
der Glasbläser blasen	der Liebling lieben
färben die Farbe	die Fremdsprache der Fremde
der Verräter verraten	die Säure sauer
klug klüger	hartnäckig der Nacken

2 Lies den Text. Bearbeite die Sprechblasen.

Finde ein verwandtes Wort mit au.

Verlängere das Wort.

Der Räuber lebt in einer Hütte.

Verlängere das Wort.

Er trägt einen alten Mantel und warme Stiefel.

Finde ein verwandtes Wort mit au.

Auf seinem Mantelkragen hüpfen winzige Läuse.

Verlängere die Wörter.

Gibt es in seiner Hütte kein Bad?

Verlängere das Wort.

Der Räuber zieht den kalten See vor.

Verlängere die Wörter.

Welche Laus mag das? Eine nach der anderen flieht.

der Raub	leben
tragen	die Laus
geben, die Bäder	ziehen
mögen, fliehen	

Langer und kurzer Vokal

1 Lies die Wörter laut und deutlich. Markiere in jeder ersten Silbe den betonten Vokal: a, e, i, o, u, ä, ö, ü mit einem ↓.

die Hüte die Katze leben der Hund

baden die Kröte raten die Torte

der Bagger schneller schlimm gut

die Birne die Düse der Bär der Keller

2 Sprich die Wortpaare langsam und deutlich. Markiere den betonten kurz gesprochenen Vokal mit einem Punkt •, den lang gesprochenen mit einem Strich –.

die Hüte – die Hütte	der Ofen – offen
der Haken – hacken	der Wall – der Wal
der Damm – die Dame	die Blase – blass
die Mitte – die Miete	still – der Stiel
die Schale – der Schall	die Ratte – raten

3 Löse das Silbenrätsel. Schreibe die Wörter auf. Markiere den doppelten Konsonanten.

schnap	fen	Ses	Som
deln	Son	ren	Kof
Bag	pad	gaf	bern
te	pen	sel	len
schwir	fer	mer	blub
ne	knal	Hüt	ger

schnappen, Bagger, schwirren, Sonne, paddeln, knallen,
Sessel, gaffen, Hütte, Sommer, Koffer, blubbern

Sprich laut und deutlich,
hör genau hin und gliedere
Wörter in Silben:
Das hilft dir beim
richtigen Schreiben!

1 Lies die Wörter. Achte auf den betonten Vokal. Kennzeichne den Vokal: kurz • oder lang —.

Adjektive

schief nass zahm
dumpf lahm tief
stumpf krass

Nomen

Teller Blüte Dampf
Möwe Keller Hüte
Kampf Löwe

Verben

sagen wetten weben kippen
kleben fragen retten wippen

2 Suche bei den Wörtern aus Übung 1 Reimpaare und schreibe sie auf.

mit kurzem Vokal		mit langem Vokal	
Teller	Dampf	Blüte	Möwe
Keller	Kampf	Hüte	Löwe
nass	dumpf	schief	zahm
krass	stumpf	tief	lahm
wetten	kippen	sagen	weben
retten	wippen	fragen	kleben

3 Lies die Wörter. Kennzeichne den betonten kurzen Vokal mit •.

der Hamster bunt der Himmel
das Fenster turnen das Gespenst
hüpfen kommen der Pinsel
stampfen der Bagger das Wasser
müssen die Wolke kurz
schimpfen wann das Monster

4 Ordne die Wörter von Übung 3. Markiere die Konsonanten, die auf den kurzen Vokal folgen.

zwei verschiedene Konsonanten	zwei gleiche Konsonanten	mehr als zwei Konsonanten
bunt	der Himmel	der Hamster
turnen	kommen	das Fenster
hüpfen	der Bagger	das Gespenst
der Pinsel	das Wasser	stampfen
die Wolke	müssen	schimpfen
kurz	wann	das Monster

5 Ordne die Wörter passend ein. Markiere in jedem Wort den doppelten Konsonanten.

das Paddelboot die Hoffnung
das Schwimmbad verirrt das Essen
die Schmugglerbande aufstellen gerettet
er gewann der Stellplatz essbar
der Schwimmer das Paddel der Irrtum
der Gewinner hoffentlich der Schmuggel
der Retter

dd:	paddeln	das Paddelboot, das Paddel
ff:	hoffen	die Hoffnung, hoffentlich
gg:	schmuggeln	die Schmugglerbande, der Schmuggel
ll:	stellen	aufstellen, der Stellplatz
mm:	schwimmen	das Schwimmbad, der Schwimmer
nn:	gewinnen	er gewann, der Gewinner
ss:	essen	das Essen, essbar
tt:	retten	gerettet, der Retter
rr:	irren	verirrt, der Irrtum

6 Trage die Personalformen von trennen ein. Markiere den Wortstamm.

Präsens		Präteritum	
ich	trenne	ich	trennte
du	trennst	du	trenntest
er, sie, es	trennt	er, sie, es	trennte
wir	trennen	wir	trennten
ihr	trennt	ihr	trenntet
sie	trennen	sie	trennten

7 Markiere den Wortstamm.

trennen die Trennung der Trennstrich
die Trennwand der Trennungsschmerz
die Abtrennung die Mülltrennung sie trennt
sich abtrennen trennbar abtrennbar
getrennt untrennbar trennscharf
unzertrennlich

? Was fällt dir auf? Der Doppelkonsonant nn im Wortstamm bleibt in den verwandten Wörtern erhalten.

8 Finde zu den Verben die passenden Reimwörter. Trage sie ein. Markiere die doppelten Konsonanten.

-etten	-ippen
wetten	tippen
retten	kippen
jetten	nippen

-essen	-urren
fressen	schnurren
pressen	knurren
messen	surren

-allen	-oppen
fallen	stoppen
knallen	shoppen
krallen	kloppen

9 Bilde zusammengesetzte Nomen. Verbinde und schreibe sie auf. Markiere die doppelten Konsonanten.

schnurren	Fehler
rennen	Bart
rollen	Platz
kippen	Koffer
wetten	Napf
fressen	Wagen
tippen	Lauf
stellen	Laster

der Schnurrbart, der Rennwagen, der Rollkoffer, der Kipplaster, der Wettlauf, der Fressnapf, der Tippfehler, der Stellplatz

10 Welche Adjektive gibt es wirklich? Markiere in diesen die doppelten Konsonanten.

schnell	nass	nett	satt
bell	blass	pett	datt
hell	trass	fett	matt

11 Trage die passenden Adjektive in die Silbenbögen ein.

hell blass fett satt nass schnell nett matt

blas	se	Gesichter	hel	le	Lampen
sat	te	Katzen	net	te	Leute
mat	te	Farben	fet	te	Beute
nas	se	Kleider	schnel	le	Roller

12 Setze die Wörter mit zz und kk zusammen. Schreibe sie auf. Markiere die doppelten Konsonanten.

AK	RIA	ZA	BROK
AK	RAZ	KO	ZE
NIZ	KORD	ZIA	SKIZ
ZE	PIZ	LI	KU

Akkord, Akku, Nizza, Razzia, Pizzeria, Brokkoli, Skizze

13 Welche Wörter aus Übung 12 passen? Trage sie ein.

Eine Stadt im Süden von Frankreich: Nizza

Ist grün und sieht aus die Blumenkohl: Brokkoli

Eine grobe Zeichnung: Skizze

Kein Ton mehr – leer ist der Akku

14 Löse das ck-Rätsel.

G L O C K E
W E C K E R
D A C K E L
S O C K E N
D E C K E L
B R Ü C K E

Das Lösungswort lautet: Eis ist lecker!

15 Ergänze die Nomen. Schreibe sie in Silben getrennt auf.

Witze Katze Blitze Fratze Spitze

Auf leisen Pfoten kommt die	Kat ze.
Ein Clown zieht eine	Frat ze.
Kinder hören gerne	Wit ze.
Beim Gewitter gibt es	Blit ze.
Ein Stift hat eine	Spit ze.

16 Trage tz oder ck ein.

Brü	ck	e	Plä	tz	chen
di	ck		schwi	tz	en
Glü	ck		nü	tz	lich
Mü	ck	e	Mü	tz	e
ba	ck	en	fli	tz	en
Zu	ck	er	schmu	tz	ig
Pä	ck	chen	Spri	tz	e
schlu	ck	en	verle	tz	t

Wie wird der Vokal vor ck oder tz ausgesprochen?
☒ kurz ☐ lang

17 Finde die Reimwörter. Färbe sie entsprechend ein.

Brücke	Tücke	Lücke	Backe	Krücke
Glatze	Mütze	Tatze	Fratze	Katze
backen	hacken	knacken	spucken	packen
flitzen	spritzen	blitzen	sitzen	setzen

18 Löse das ie-Rätsel.

mieten Riese niesen Schiene Spiegel
Biene Wiese sieben Wiege

Gräser und Blumen wachsen auf der …	Wie se
Dieses Tier kann stechen.	Bie ne
Bei Schnupfen muss man …	nie sen
Der Zug fährt auf der …	Schie ne
Eine Zahl größer als 5, aber kleiner als zehn	sie ben
Eine Wohnung kann man …	mie ten
Eine Märchengestalt	Rie se
Du siehst dich im …	Spie gel
Das Baby liegt in der …	Wie ge

19 Bilde so viele ie-Wörter wie möglich. Schreibe sie in Silben getrennt auf. Markiere ie.

n b Kn kr s L W sp B Fr b z — ie — len den gen ne se der ben chen ge

mögliche Lösung:
biegen, kriegen, siegen, biegen, kriechen, Liege, Wiege, spielen, zielen, Biene, sieben, bieder, Lieder, Frieden, sieden, Wiese, Friese

Am Silbenende langes i, das schreibst du meist wie nie und Knie.

20 Sprich den betonten Vokal deutlich. Wie hörst du ihn: kurz • oder lang — ? Kennzeichne ihn.

der Fuß der Gruß süß der Schoß
das Floß der Kloß der Stoß der Ruß
der Spaß groß bloß das Maß

? Was fällt dir auf? Vor ß steht immer ein lang gesprochener Vokal.

21 Ergänze die Sätze. Die Wörter aus Übung 19 helfen dir.

Wer sitzt denn da auf Omas Schoß ?
Die Kleine ist doch viel zu groß .
Auf ihrem Teller liegt ein Kloß .
Sie gibt ihm einen kleinen Stoß .
Wo ist er nun, sag mir das bloß .

22 Sprich den betonten Vokal deutlich. Wie hörst du ihn: kurz • oder lang — ?

der Fluss das Schloss die Nuss nass
der Hass der Kuss der Schluss
der Schuss krass das Ross das Fass
der Riss der Guss das Ass der Bass
blass der Biss kross der Pass der Boss

? Was fällt dir auf? Vor ss steht immer ein kurz gesprochener Vokal.

23 Was stimmt? Kreuze an.

Vor ß höre ich einen kurz gesprochenen Vokal. ☐
Vor ß höre ich keinen Vokal. ☐
Vor ß höre ich einen lang gesprochenen Vokal. ☒

Vor ss höre ich einen lang gesprochenen Vokal. ☐
Vor ss höre ich einen kurz gesprochenen Vokal. ☒

1 In diesen Wörtern kannst du das h nicht hörbar machen. Es bleibt stumm. Sortiere die Wörter und trage sie ein. Markiere.

zahn der Zahn die Lehrerin das Ohr
die Fuhre wählen wohnen die Bahn kühl
fühlen das Jahr zahm mehr das Huhn
der Verkehr ohne wahr führen die Möhre
stehlen ehrlich der Sohn die Höhle
die Bohne ähnlich stöhnen die Uhr sehr
der Stuhl die Zahl die Bühne nehmen

ah/äh	eh	oh/öh	uh/üh
der Zahn	zehn	das Ohr	die Fuhre
wählen	die Lehrerin	wohnen	fühlen
die Bahn	mehr	die Möhre	führen
das Jahr	der Verkehr	ohne	kühl
zahm	stehlen	der Sohn	die Uhr
wahr	ehrlich	die Höhle	der Stuhl
ähnlich	nehmen	die Bohne	die Bühne
die Zahl	sehr	stöhnen	das Huhn

2 Übe die Wörter mit stummem h. Bilde dazu zusammengesetzte Nomen. Schreibe sie auf. Markiere.

das Zimmer der Ring die Uhr der Draht
die Bahn der Zeiger der Zahn der Lehrer
der Hahn der Arzt die Zahl die Gleise
der Zaun die Lehne das Ohr das Wetter
der Gewinn der Stuhl

das Lehrerzimmer, der Uhrzeiger, der Drahtzaun, die Bahngleise, der Zahnarzt, der Wetterhahn, die Gewinnzahl, die Stuhllehne, der Ohrring

3 Suche verwandte Wörter. Markiere den Wortstamm.

mögliche Lösung:

lehnen: anlehnen, auflehnen, Lehne, Lehnstuhl, Rückenlehne, Armlehne, Ablehnung

wählen: auswählen, wählbar, Wahl, Vorwahl, Abwahl, Wahl, Wahllokal, Wahlergebnis, Bundestagswahl

4 Schreibe die Wörter richtig auf. Kennzeichne das lange i —.

AMILK	Klima	RIM	mir
ALIL	lila	LEBIB	Bibel
LEBIF	Fibel	NIZNEB	Benzin
AMIRP	prima	ONIK	Kino
RID	dir	ENIWAL	Lawine
DIL	Lid	RIPMAV	Vampir
RIW	wir	REBIB	Biber
REGIT	Tiger	EFFARIG	Giraffe
LIDOKORK	Krokodil	EVILO	Olive
LITNEV	Ventil	OEDIV	Video
LEGI	Igel	TTELOIV	violett
NEHCNINAK	Kaninchen	EVITOMOKOL	Lokomotive

5 Suche alle Tiere heraus und schreibe sie auf.

Tiger, Krokodil, Igel, Kaninchen, Biber, Giraffe

6 Schreibe die zusammengesetzten Nomen richtig auf. Markiere den Doppelvokal.

Kaffee	Besen	die Kaffeekanne
Schnee	Kanne	der Schneebesen
See	Blatt	das Seeufer
Klee	Ufer	das Kleeblatt
Haar	Tier	die Haarbürste
Zoo	Bürste	das Zootier
Moos	Spitze	das Moosgummi
Speer	Gummi	die Speerspitze
Tee	Lauf	die Teetasse
Paar	Tasse	der Paarlauf
Saal	Blick	die Saalmiete
Meer	Miete	der Meerblick

Doppel-aa gibt's, siehe da,
in Waage, Haar und
Hochzeitspaar.

1 Verlängere die Wörter und entscheide. Kreuze an.

	Beim Verlängern höre ich das h	Beim Verlängern höre ich das h nicht		Beim Verlängern höre ich das h	Beim Verlängern höre ich das h nicht
das Reh	X		er wohnt		X
das Ohr		X	es weht	X	
der Schuh	X		lahm		X
der Sohn		X	er kräht	X	
die Uhr		X	roh	X	
der Floh	X		hohl		X
der Zahn		X	sie näht	X	

2 Welches Wort gehört nicht dazu? Streiche durch.

das Huhn der Stuhl das Ohr ~~das Reh~~

er fühlt ~~er geht~~ er lehnt er führt

hohl ~~roh~~ kühl zahm

Diese Wörter gehören nicht dazu, weil sie ein silbentrennendes h haben.

Das stumme h kannst
du beim Verlängern nicht
hören. Das silbentrennende
h dagegen hörst du.

3 Sortiere die Wörter und trage sie in die Tabelle ein.

ihr er flieht dir sie sieht du ziehst der Tiger wir ihm der Igel mir das Krokodil ihrem das Ziel niesen biegen spielen das Vieh kriechen der Spiegel der Biber sieben die Biene die Bibel lieben sie tief die Zwiebel der Brief das Klima es fließt

ie	i	ieh	ih
das Ziel	dir	er flieht	ihr
niesen	der Tiger	sie sieht	ihm
biegen	wir	du ziehst	ihrem
spielen	der Igel	das Vieh	
kriechen	mir		
der Spiegel	das Krokodil		
sieben	der Biber		
die Biene	die Bibel		
lieben	das Klima		
sie			
tief			
die Zwiebel			
der Brief			
es fließt			

Welche der vier verschiedenen Schreibweisen für das lang gesprochene i kommt am häufigsten vor? ie

4 Trage die Wörter in die Tabelle ein. Markiere lz, nz und rz.

das Holz der Stolz der Sturz der Pelz
der Schwanz der Tanz es glänzt das Salz
der Kranz der Pilz der Scherz das Schmalz
der Nerz das Herz kurz der Schmerz
sie schnalzt der Falz er tanzt

lz	nz	rz
das Holz	der Schwanz	der Sturz
der Stolz	der Tanz	der Scherz
der Pelz	es glänzt	der Nerz
das Salz	der Kranz	das Herz
der Pilz	er tanzt	kurz
das Schmalz		der Schmerz
sie schnalzt		
der Falz		

Ergänze den Spruch:

Nach l, n, r, das ist doch klar,
schreib nie **tz** und nie **ck**.

5 Trage die Wörter in Silben getrennt in die Tabelle ein.

lesen rollen Segel Wolke Sofa turnen
Besen Halle Hebel Sonne Vogel Tulpe
oben Birne Tüte Kerze

kurzer Vokal		langer Vokal	
Wol	ke	le	sen
rol	len	Se	gel
tur	nen	So	fa
Hal	le	Be	sen
Son	ne	He	bel
Tul	pe	Vo	gel
Bir	ne	o	ben
Ker	ze	Tü	te

6 Vergleiche die beiden Tabellen aus Übung 2. Markiere in den Wörtern das Ende der 1. Silbe.

Bei einer geschlossenen Silbe schließt die Silbe mit einem Konsonanten. Der Vokal wird „eingesperrt". Dann wird er kurz gesprochen.

Bei einer offenen Silbe steht der Vokal am Ende der Silbe. Dann wird er lang gesprochen.

Getrennt- und Zusammenschreibung

1 Trenne die Nomen voneinander ab.

der Fuß
der Fuß|ball
der Fuß|ball|platz
die Fuß|ball|platz|linien
der Fuß|ball|platz|linien|richter
die Fuß|ball|platz|linien|richter|pfeife

Schreibe das längste zusammengesetzte Wort ab:

Mecklenburg-Vorpommern

2 Setze Nomen zusammen. Schreibe sie mit Artikel auf.

die Haustür, das Türschloss, der Schlossgarten,
die Gartenbank, der Bankräuber, die Räuberbande

3 Bilde mit den Vorbausteinen auf-, aus-, ein- zusammengesetzte Verben.

auf: haben, laden, stellen

aus: geben, räumen, laden

ein: laden, steigen, kaufen

Schreibe so:

ich hebe auf, ich lade auf, ich stelle auf
ich gebe aus, ich räume aus, ich lade aus
ich lade ein, ich steige ein, ich kaufe ein

Fällt dir noch ein Wort ein, das man mit allen drei Wortbausteinen verbinden kann?

mögliche Lösungen: stellen - aufstellen, ausstellen, einstellen; geben - aufgeben, ausgeben, eingeben

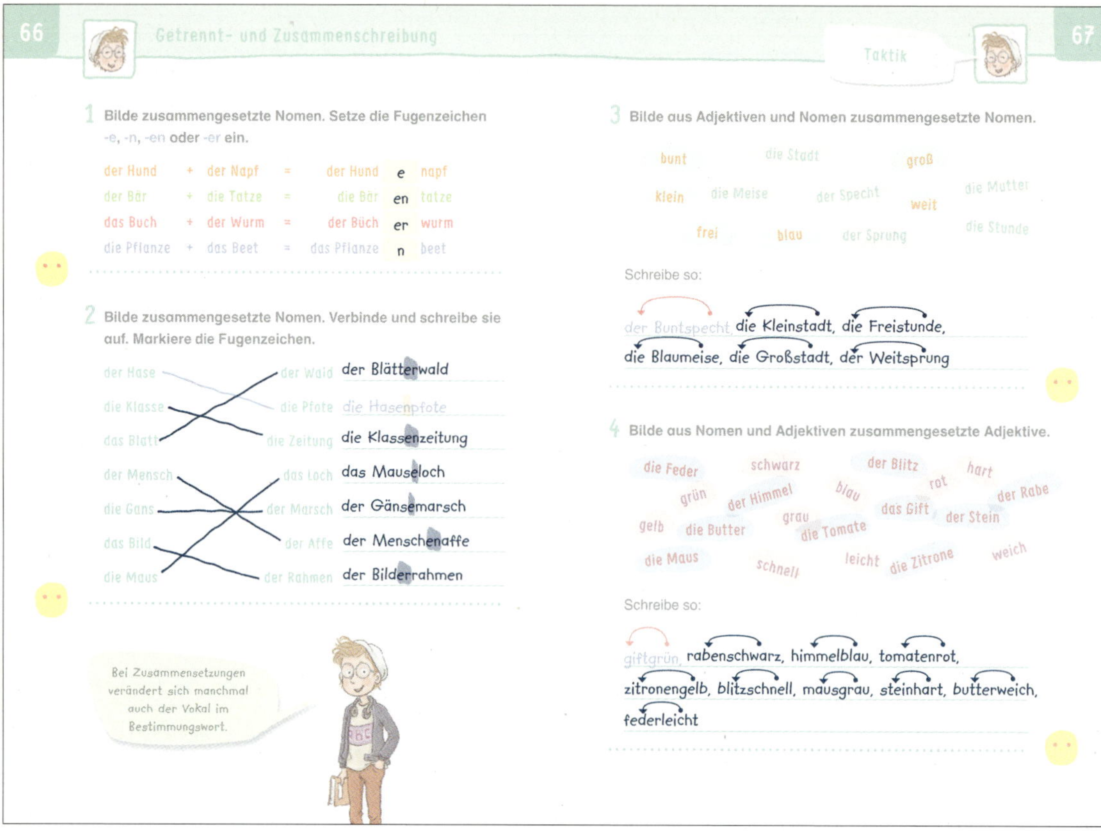
66 Getrennt- und Zusammenschreibung

Taktik 67

1 Bilde zusammengesetzte Nomen. Setze die Fugenzeichen -e, -n, -en oder -er ein.

der Hund + der Napf = der Hund e napf
der Bär + die Tatze = die Bär en tatze
das Buch + der Wurm = der Büch er wurm
die Pflanze + das Beet = das Pflanze n beet

2 Bilde zusammengesetzte Nomen. Verbinde und schreibe sie auf. Markiere die Fugenzeichen.

der Hase – der Wald – der Blätterwald
die Klasse – die Pfote – die Hasenpfote
das Blatt – die Zeitung – die Klassenzeitung
der Mensch – das Loch – das Mauseloch
die Gans – der Marsch – der Gänsemarsch
das Bild – der Affe – der Menschenaffe
die Maus – der Rahmen – der Bilderrahmen

Bei Zusammensetzungen verändert sich manchmal auch der Vokal im Bestimmungswort.

3 Bilde aus Adjektiven und Nomen zusammengesetzte Nomen.

bunt, die Stadt, groß, klein, die Meise, der Specht, weit, die Mutter, frei, blau, der Sprung, die Stunde

Schreibe so:

der Buntspecht, die Kleinstadt, die Freistunde,
die Blaumeise, die Großstadt, der Weitsprung

4 Bilde aus Nomen und Adjektiven zusammengesetzte Adjektive.

die Feder, schwarz, der Blitz, hart, grün, der Himmel, blau, rot, der Rabe, gelb, die Butter, grau, das Gift, der Stein, die Tomate, die Maus, schnell, leicht, die Zitrone, weich

Schreibe so:

giftgrün, rabenschwarz, himmelblau, tomatenrot,
zitronengelb, blitzschnell, mausgrau, steinhart, butterweich,
federleicht

Lösungen ab S. 68

→ S. 68

5 Welche Adjektive erkennst du in den Zusammensetzungen? Trenne sie ab.

bitter | kalt, super | schlau, hell | blond, neu | reich, tief | traurig, wild | fremd, bitter | böse, dunkel | blau

6 Bilde mit Adjektiven und Nomen immer zwei zusammengesetzte Wörter.

spiegelglatt, das Glatteis
giftgrün, der Grünspecht
feuerrot, das Rotkäppchen
handwarm, das Warmwasser

Was passiert mit den Adjektiven und Nomen?

Steht das Adjektiv am Ende des zusammengesetzten Wortes, wird das Wort zu einem Adjektiv; steht das Nomen am Ende, wird das Wort zu einem Nomen. Bei zusammengesetzten Wörtern bestimmt immer das Grundwort die Wortart.

→ S. 69

7 Welche Wörter erkennst du in den zusammengesetzten Nomen?

die Fahrbahn: fahren | die Bahn
der Gehweg: gehen | der Weg
der Fallschirm: fallen | der Schirm
die Trinkflasche: trinken | die Flasche
der Stehplatz: stehen | der Platz
der Kochtopf: kochen | der Topf
die Bratpfanne: braten | die Pfanne
der Schreibtisch: schreiben | der Tisch
die Hüpfburg: hüpfen | die Burg
die Tragfläche: tragen | die Fläche

Was passiert mit dem Verb in den zusammengesetzten Nomen?

Bei den Verben fällt die Grundformendung -en weg.

→ S. 70

8 Erkennst du die Vorbausteine in den Verben? Trenne sie ab.

weg | gehen, um | ziehen, ab | lösen, um | tauschen, weg | stecken, be | weisen, ab | wischen, be | kommen, ab | stellen, be | antworten, um | kehren , weg | werfen

9 Schreibe zu jedem Streifen einen Satz im Präsens.

Tim wischt einen Fleck weg.
Mehmet löst ein Etikett ab.
Marc stellt das Fahrrad ab.
Ela tauscht ein T-Shirt um.
Azra macht ein Paket auf.
Serap löst einen Gutschein ein.

Was fällt dir auf?

Die Vorbausteine weg-, ab-, um-, auf- und ein- trennen sich in diesen Sätzen vom Verb und stehen am Ende des Satzes.

→ S. 71

10/11 Setze aus den Vorbausteinen und den Verben neue Verben zusammen. Schreibe sie auf.

abbrechen, abnehmen, absuchen, abfangen, abbiegen, abnähen, ausbrechen, ausnehmen, aussuchen, ausfädeln, aussortieren, einbrechen, einnehmen, einfangen, einbiegen, einnähen, einfädeln, einsortieren, aufbrechen, aufnehmen, aufsuchen, auffangen, aufbiegen, aufnähen, auffädeln, benehmen, besuchen, beenden, beerben

→ S. 72

1 Auch mit diesen Wörtern kannst du Zusammensetzungen bilden. Schau genau hin. Achte auf die schwierigen Stellen.

(individuelle Lösung)

2 Bilde Zusammensetzungen mit den Wörtern aus Übung 1. Schreibe sie auf. Markiere die Merkstellen.

Mögliche Lösung:
wegfallen, wegkommen, weggehen;
hinabfließen, hinabfallen, hinabstürzen, hinabgehen;
abwärtsfließen, abwärtsfallen, abwärtsstürzen, abwärtsgehen;
rückwärtsfließen, rückwärtsfallen, rückwärtsstürzen
rückwärtssagen, rückwärtsgehen;
vorwärtsfließen, vorwärtsfallen, vorwärtsstürzen, vorwärtskommen, vorwärtsgehen;
voraussagen, vorausgehen;
herabfließen, herabfallen, herabstürzen, herabkommen

→ S. 73

3 vor- oder ver-? Wähle den Vorbaustein aus, der passt. Schreibe die Wörter auf.

einen Satz verstehen, im Wald verirren, ein Buch vorlesen, ein Brett vorbohren, ein Rezept verschreiben, jemanden vom Platz verweisen, ein Geschenk versprechen, jemandem etwas vorwerfen, einen Vertrag kündigen, Vorschläge machen

→ S. 74

1 Mache die markierten Stellen in den zusammengesetzten Wörtern hörbar. Schreibe auf.

die Handschuhe	die Hän-de
der Korbsessel	die Kör-be
der Fluggast	die Flü-ge | flie-gen
der Leihwagen	lei-hen
die Rohkost	ro-her
die Sehhilfe	se-hen
die Drehleiter	dre-hen
windstill	win-dig
schlagfertig	schla-gen

2 Bilde mit den Vorbausteinen zusammengesetztes Nomen, bei denen zwei gleiche Buchstaben aufeinandertreffen. Markiere die Kontaktstellen.

der Abbruch, der Verrat, die Vorrunde, die Aussicht

→ S. 75

3 Tolle Zusammensetzungen! Markiere die Stelle, an der die Wörter zusammentreffen.

Rollladen, hellllila, Schifffahrt, Stofffetzen, grifffest, Kunststofflasche, Geschirrreiniger, fetttriefend, Balletttruppe, Brennnessel, Kennnummer, Seeelefant, Schwimmmeisterschaft

4 Trenne die zusammengesetzten Wörter aus Übung 3 und schreibe sie auf.

Roll-laden, hell-lila, Schiff-fahrt, Stoff-fetzen, griff-fest, Kunststoff-flasche, Geschirr-reiniger, fett-triefend, Ballett-truppe, Brenn-nessel, Kenn-nummer, See-elefant, Schwimm-meisterschaft

→ S. 76/77

(individuelle Lösung)

→ S. 78

Immer bergab
Frieda braucht ein bisschen Bewegung. Mit ihrer Freundin möchte sie sich im Schwimmbad Schwapp treffen. Sie steigt auf ihr Fahrrad. Der Korb mit ihren Sachen steht schon auf dem Gepäckträger. Der schnellste Weg zum Schwimmbad geht immer bergab. Heute kommt der Wind auch noch von hinten. Das passt gut. Von so einer rasanten Fahrt kann man nur träumen. An die Rückfahrt den Berg hinauf denkt sie noch nicht.

3 **Löse das Silbenrätsel. Schreibe die Wörter auf. Markiere den doppelten Konsonanten.**

schnap	fen	Ses	Som
deln	Son	ren	Kof
Bag	pad	gaf	bern
te	pen	sel	len
schwir	fer	mer	blub
ne	knal	Hüt	ger

schnappen

Sprich laut und deutlich, hör genau hin und gliedere Wörter in Silben: Das hilft dir beim richtigen Schreiben!

Langer und kurzer Vokal

1 **Lies die Wörter. Achte auf den betonten Vokal. Kennzeichne den Vokal: kurz • oder lang —.**

Nomen

Teller Blüte Dampf
Möwe Keller Hüte
Kampf Löwe

Adjektive

schief nass zahm
dumpf lahm tief
stumpf krass

Verben

sagen wetten weben kippen
kleben fragen retten wippen

2 **Suche bei den Wörtern aus Übung 1 Reimpaare und schreibe sie auf.**

mit kurzem Vokal		mit langem Vokal	
Teller			
Keller			

3 **Lies die Wörter. Kennzeichne den betonten kurzen Vokal mit •.**

der Hamster bunt der Himmel
das Fenster turnen das Gespenst
hüpfen kommen der Pinsel
stampfen der Bagger das Wasser
müssen die Wolke kurz
schimpfen wann das Monster

4 **Ordne die Wörter von Übung 3. Markiere die Konsonanten, die auf den kurzen Vokal folgen.**

zwei verschiedene Konsonanten	zwei gleiche Konsonanten	mehr als zwei Konsonanten
bunt		

5 **Ordne die Wörter passend ein. Markiere in jedem Wort den doppelten Konsonanten.**

das Paddelboot die Hoffnung
das Schwimmbad verirrt das Essen
die Schmugglerbande aufstellen gerettet
er gewann der Stellplatz essbar
der Schwimmer das Paddel der Irrtum
der Gewinner hoffentlich der Schmuggel
der Retter

dd: paddeln ____________________

ff: hoffen ____________________

gg: schmuggeln ____________________

ll: stellen ____________________

mm: schwimmen ____________________

nn: gewinnen ____________________

ss: essen ____________________

tt: retten ____________________

rr: irren ____________________

6 **Trage die Personalformen von trennen ein. Markiere den Wortstamm.**

Präsens		Präteritum	
ich	trenne	ich	
du		du	
er, sie, es		er, sie, es	
wir		wir	
ihr		ihr	
sie		sie	

7 **Markiere den Wortstamm.**

trennen die Trennung der Trennstrich
die Trennwand der Trennungsschmerz
die Abtrennung die Mülltrennung sie trennt
sich abtrennen trennbar abtrennbar
getrennt untrennbar trennscharf
unzertrennlich

? Was fällt dir auf? ____________________

____

8 **Finde zu den Verben die passenden Reimwörter. Trage sie ein. Markiere die doppelten Konsonanten.**

-etten

wetten

r ____________

j ____________

-ippen

t ____________

k ____________

n ____________

-essen

fr ____________

pr ____________

m ____________

-urren

schn ____________

kn ____________

s ____________

-allen

f ____________

kn ____________

kr ____________

-oppen

st ____________

sh ____________

kl ____________

9 **Bilde zusammengesetzte Nomen. Verbinde und schreibe sie auf. Markiere die doppelten Konsonanten.**

schnurren	Fehler
rennen	Bart
rollen	Platz
kippen	Koffer
wetten	Napf
fressen	Wagen
tippen	Lauf
stellen	Laster

der Schnurrbart

10 **Welche Adjektive gibt es wirklich? Markiere in diesen die doppelten Konsonanten.**

schnell	nass	nett	satt
bell	blass	pett	datt
hell	trass	fett	matt

11 **Trage die passenden Adjektive in die Silbenbögen ein.**

hell blass fett satt nass
schnell nett matt

blas se Gesichter ______ Lampen

______ Katzen ______ Leute

______ Farben ______ Beute

______ Kleider ______ Roller

12 **Setze die Wörter mit zz und kk zusammen. Schreibe sie auf. Markiere die doppelten Konsonanten.**

AK	RIA	ZA	BROK
AK	RAZ	KO	ZE
NIZ	KORD	ZIA	SKIZ
ZE	PIZ	LI	KU

____

____

____

13 **Welche Wörter aus Übung 12 passen? Trage sie ein.**

Eine Stadt im Süden von Frankreich: ____________________

Ist grün und sieht aus die Blumenkohl: ____________________

Eine grobe Zeichnung: ____________________

Kein Ton mehr – leer ist der ____________________.

14 **Löse das ck-Rätsel.**

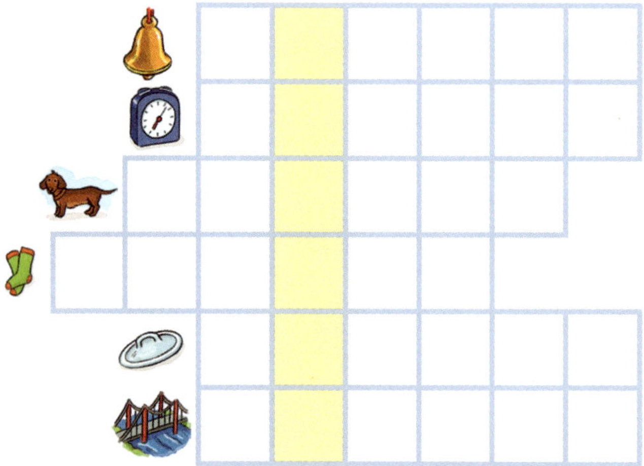

Das Lösungswort lautet: Eis ist ______________________________!

15 **Ergänze die Nomen. Schreibe sie in Silben getrennt auf.**

Witze Katze Blitze Fratze Spitze

Auf leisen Pfoten kommt die	Kat	ze.
Ein Clown zieht eine		.
Kinder hören gerne		.
Beim Gewitter gibt es		.
Ein Stift hat eine		.

16 **Trage tz oder ck ein.**

Brü		e
di		
Glü		
Mü		e
ba		en
Zu		er
Pä		chen
schlu		en

Plä		chen
schwi		en
nü		lich
Mü		e
fli		en
schmu		ig
Spri		e
verle		t

Wie wird der Vokal vor ck oder tz ausgesprochen?

☐ kurz ☐ lang

17 **Finde die Reimwörter. Färbe sie entsprechend ein.**

Brücke	Tücke	Lücke	Backe	Krücke
Glatze	Mütze	Tatze	Fratze	Katze
backen	hacken	knacken	spucken	packen
flitzen	spritzen	blitzen	sitzen	setzen

18 Löse das ie-Rätsel.

mieten Riese niesen Schiene Spiegel
Biene Wiese sieben Wiege

Gräser und Blumen wachsen auf der …	Wie	se
Dieses Tier kann stechen.		
Bei Schnupfen muss man …		
Der Zug fährt auf der …		
Eine Zahl größer als 5, aber kleiner als zehn		
Eine Wohnung kann man …		
Eine Märchengestalt		
Du siehst dich im …		
Das Baby liegt in der …		

19 **Bilde so viele ie-Wörter wie möglich. Schreibe sie in Silben getrennt auf. Markiere ie.**

n b kr Kn s L W sp B Fr b z

ie

len den gen ne se der ben chen ge

biegen

Am Silbenende langes i, das schreibst du meist wie **nie** und **Knie**.

20 **Sprich den betonten Vokal deutlich. Wie hörst du ihn: kurz • oder lang —? Kennzeichne ihn.**

der Fuß   der Gruß   süß   der Schoß

das Floß   der Kloß   der Stoß   der Ruß

der Spaß   groß   bloß   das Maß

? Was fällt dir auf? ______________________________

____

21 **Ergänze die Sätze. Die Wörter aus Übung 19 helfen dir.**

Wer sitzt denn da auf Omas ______________________________ ?

Die Kleine ist doch viel zu ______________________________ .

Auf ihrem Teller liegt ein ______________________________ .

Sie gibt ihm einen kleinen ______________________________ .

Wo ist er nun, sag mir das ______________________________ .

22 **Sprich den betonten Vokal deutlich. Wie hörst du ihn: kurz • oder lang —?**

der Fluss das Schloss die Nuss nass

der Hass der Kuss der Schluss

der Schuss krass das Ross das Fass

der Riss der Guss das Ass der Bass

blass der Biss kross der Pass der Boss

? Was fällt dir auf? ______________________________

____

23 **Was stimmt? Kreuze an.**

Vor ß höre ich einen kurz gesprochenen Vokal. ☐
Vor ß höre ich keinen Vokal. ☐
Vor ß höre ich einen lang gesprochenen Vokal. ☐

Vor ss höre ich einen lang gesprochenen Vokal. ☐
Vor ss höre ich einen kurz gesprochenen Vokal. ☐

1 **In diesen Wörtern kannst du das h nicht hörbar machen. Es bleibt stumm. Sortiere die Wörter und trage sie ein. Markiere.**

zehn der Zahn die Lehrerin das Ohr
die Fuhre wählen wohnen die Bahn kühl
fühlen das Jahr zahm mehr das Huhn
der Verkehr ohne wahr führen die Möhre
stehlen ehrlich der Sohn die Höhle
die Bohne ähnlich stöhnen die Uhr sehr
der Stuhl die Zahl die Bühne nehmen

ah/äh	eh	oh/öh	uh/üh
der Zahn			

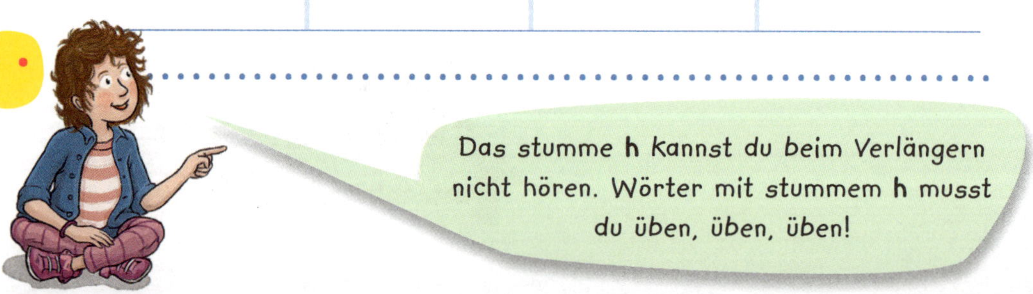

2 **Übe die Wörter mit stummem h. Bilde dazu zusammengesetzte Nomen. Schreibe sie auf. Markiere.**

das Zimmer   der Ring   die Uhr   der Draht
die Bahn   der Zeiger   der Zahn   der Lehrer
der Hahn   der Arzt   die Zahl   die Gleise
der Zaun   die Lehne   das Ohr   das Wetter
der Gewinn   der Stuhl

das Lehrerzimmer ____________________

____

____

____

3 **Suche verwandte Wörter. Markiere den Wortstamm.**

lehnen: ____________________

____

wählen: ____________________

____

Das stumme **h** geht im Wortstamm nicht verloren.

4 Schreibe die Wörter richtig auf. Kennzeichne das lange i —.

AMILK	Klima	RIM	
ALIL		LEBIB	
LEBIF		NIZNEB	
AMIRP		ONIK	
RID		ENIWAL	
DIL		RIPMAV	
RIW		REBIB	
REGIT		EFFARIG	
LIDOKORK		EVILO	
LITNEV		OEDIV	
LEGI		TTELOIV	
NEHCNINAK		EVITOMOKOL	

5 Suche alle Tiere heraus und schreibe sie auf.

6 **Schreibe die zusammengesetzten Nomen richtig auf. Markiere den Doppelvokal.**

Kaffee	Besen	die KaffeeKanne
Schnee	Kanne	
See	Blatt	
Klee	Ufer	
Haar	Tier	
Zoo	Bürste	
Moos	Spitze	
Speer	Gummi	
Tee	Lauf	
Paar	Tasse	
Saal	Blick	
Meer	Miete	

Doppel-**aa** gibt's, siehe da,
in Waage, Haar und
Hochzeitspaar.

Langer und kurzer Vokal

1 Verlängere die Wörter und entscheide. Kreuze an.

	Beim Verlängern höre ich das h	Beim Verlängern höre ich das h nicht
das Reh		
das Ohr		
der Schuh		
der Sohn		
die Uhr		
der Floh		
der Zahn		

	Beim Verlängern höre ich das h	Beim Verlängern höre ich das h nicht
er wohnt		
es weht		
lahm		
er kräht		
roh		
hohl		
sie näht		

2 Welches Wort gehört nicht dazu? Streiche durch.

das Huhn – der Stuhl – das Ohr – das Reh

er fühlt – er geht – er lehnt – er führt

hohl – roh – kühl – zahm

Diese Wörter gehören nicht dazu,

weil ______________________________

____

____

3 **Sortiere die Wörter und trage sie in die Tabelle ein.**

ihr er flieht dir sie sieht du ziehst der Tiger wir
ihm der Igel mir das Krokodil ihrem das Ziel niesen
biegen spielen das Vieh kriechen der Spiegel
der Biber sieben die Biene die Bibel lieben sie
tief die Zwiebel der Brief das Klima es fließt

ie	i	ieh	ih

Welche der vier verschiedenen Schreibweisen für das lang gesprochene i kommt am häufigsten vor? ________

4 **Trage die Wörter in die Tabelle ein. Markiere lz, nz und rz.**

das Holz der Stolz der Sturz der Pelz
der Schwanz der Tanz es glänzt das Salz
der Kranz der Pilz der Scherz das Schmalz
der Nerz das Herz kurz der Schmerz
sie schnalzt der Falz er tanzt

lz	nz	rz

Ergänze den Spruch:

Nach ______, ______, ______, das ist doch klar,
schreib nie **tz** und nie **ck**.

5 **Trage die Wörter in Silben getrennt in die Tabelle ein.**

lesen   rollen   Segel   Wolke   Sofa   turnen

Besen   Halle   Hebel   Sonne   Vogel   Tulpe

oben   Birne   Tüte   Kerze

kurzer Vokal	
Wol	Ke

langer Vokal	

6 **Vergleiche die beiden Tabellen aus Übung 2. Markiere in den Wörtern das Ende der 1. Silbe.**

Getrennt- und Zusammenschreibung

1 **Trenne die Nomen voneinander ab.**

der Fuß

der Fuß|ball

der Fußballplatz

die Fußballplatzlinien

der Fußballplatzlinienrichter

die Fußballplatzlinienrichterpfeife

Schreibe das längste zusammengesetzte Wort ab:

2 **Setze Nomen zusammen. Schreibe sie mit Artikel auf.**

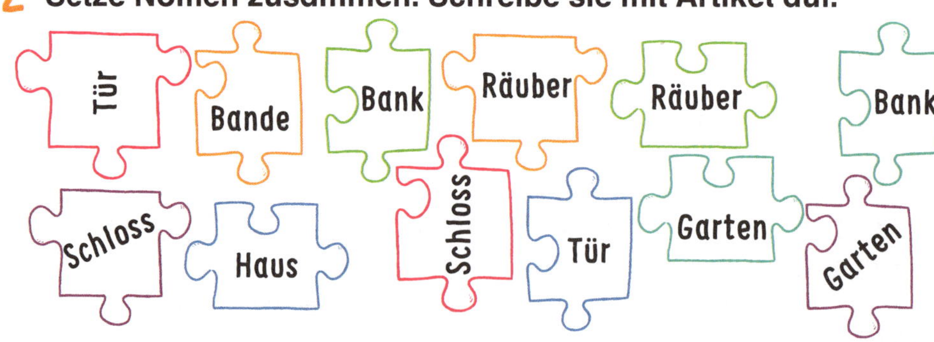

3 Bilde mit den Vorbausteinen auf-, aus-, ein- zusammengesetzte Verben.

auf
- heben
- laden
- stellen

aus
- geben
- räumen
- laden

ein
- laden
- steigen
- kaufen

Schreibe so:

ich hebe auf, ich

Fällt dir noch ein Wort ein, das man mit allen drei Wortbausteinen verbinden kann?

1 **Bilde zusammengesetzte Nomen. Setze die Fugenzeichen -e, -n, -en oder -er ein.**

der Hund	+	der Napf	=	der Hund		napf
der Bär	+	die Tatze	=	die Bär		tatze
das Buch	+	der Wurm	=	der Büch		wurm
die Pflanze	+	das Beet	=	das Pflanze		beet

2 **Bilde zusammengesetzte Nomen. Verbinde und schreibe sie auf. Markiere die Fugenzeichen.**

der Hase	der Wald	
die Klasse	die Pfote	die Hasenpfote
das Blatt	die Zeitung	
der Mensch	das Loch	
die Gans	der Marsch	
das Bild	der Affe	
die Maus	der Rahmen	

3 Bilde aus Adjektiven und Nomen zusammengesetzte Nomen.

bunt die Stadt groß klein die Meise der Specht weit die Mutter frei blau der Sprung die Stunde

Schreibe so:

der Buntspecht,

4 Bilde aus Nomen und Adjektiven zusammengesetzte Adjektive.

die Feder schwarz der Blitz hart grün der Himmel blau rot der Rabe gelb die Butter grau die Tomate das Gift der Stein die Maus schnell leicht die Zitrone weich

Schreibe so:

giftgrün,

5 **Welche Adjektive erkennst du in den Zusammensetzungen? Trenne sie ab.**

bitterkalt superschlau hellblond neureich
tieftraurig wildfremd bitterböse dunkelblau

6 **Bilde aus Adjektiven und Nomen immer zwei zusammengesetzte Wörter.**

glatt:	der Spiegel	spiegelglatt
	das Eis	das
grün:	das Gift	
	der Specht	
rot:	das Feuer	
	das Käppchen	
warm:	die Hand	
	das Wasser	

? Was passiert mit den Adjektiven und den Nomen?

7 **Welche Wörter erkennst du in den zusammengesetzten Nomen?**

die Fahrbahn	
fahren	die Bahn

der Gehweg	

der Fallschirm	

die Trinkflasche	

der Stehplatz	

der Kochtopf	

die Bratpfanne	

der Schreibtisch	

die Hüpfburg	

die Tragfläche	

? Was passiert mit dem Verb in den zusammengesetzten Nomen?

____

8 **Erkennst du die Vorbausteine in den Verben? Trenne sie ab.**

weggehen umziehen ablösen umtauschen

wegstecken aufmachen abwischen

bekommen abstellen einlösen umkehren

wegwerfen

9 **Schreibe zu jedem Streifen einen Satz im Präsens.**

einen Fleck wegwischen

ein Etikett ablösen

das Fahrrad abstellen

ein T-Shirt umtauschen

ein Paket aufmachen

einen Gutschein einlösen

Tim wischt ______________________________.

Mehmet ______________________________.

Marc ______________________________.

Ela ______________________________.

Azra ______________________________.

Serap ______________________________.

? Was fällt dir auf? ______________________________

____

____

10 **Setze aus den Vorbausteinen und den Verben neue Wörter zusammen. Schreibe sie auf.**

be
ab
auf
aus
ein

brechen
nehmen
suchen
enden
fangen
biegen
fädeln
erben
nähen
sortieren

11 **Treffen bei den zusammengesetzten Wörtern aus Übung 10 an den Kontaktstellen zwei gleiche Buchstaben aufeinander? Markiere diese Buchstaben.**

1 **Auch mit diesen Wörtern kannst du Zusammensetzungen bilden. Schau genau hin. Achte auf die schwierigen Stellen.**

Merkwort	Schreibe ab.	Schreibe auswendig.	Kontrolliere.
weg			
hinab			
abwärts			
rückwärts			
vorwärts			
voraus			
herab			

2 **Bilde Zusammensetzungen mit den Wörtern aus Übung 1. Schreibe sie auf. Markiere die Merkstellen.**

fließen fallen stürzen

sagen kommen gehen

3 vor- oder ver-? Wähle den Vorbaustein aus, der passt. Schreibe die Wörter auf.

einen Satz	verstehen vorstehen	im Wald	vorirren verirren
ein Buch	verlesen vorlesen	ein Brett	vorbohren verbohren
ein Rezept	vorschreiben verschreiben	jemanden vom Platz	vorweisen verweisen
ein Geschenk	versprechen vorsprechen	jemandem etwas	verwerfen vorwerfen
einen Vertrag einen Vortrag	kündigen	Verschläge Vorschläge	machen

ver- und **vor-**, die beiden,
können f nicht leiden.

1 **Mache die markierten Stellen in den zusammengesetzten Wörtern hörbar. Schreibe auf.**

die Handschuhe — die Hän-de

der Korbsessel

der Fluggast

der Leihwagen

die Rohkost

die Sehhilfe

die Drehleiter

windstill

schlagfertig

2 **Bilde mit den Vorbausteinen zusammengesetzte Nomen, bei denen zwei gleiche Buchstaben aufeinandertreffen. Markiere die Kontaktstellen.**

ab

ver

vor

aus

der Rat

der Bruch

die Runde

die Sicht

3 **Tolle Zusammensetzungen! Markiere die Stelle, an der die Wörter zusammentreffen.**

Rollladen helllila Schifffahrt

Stofffetzen grifffest Kunststoffflasche

Geschirrreiniger fetttriefend

Balletttruppe Brennnessel Kennnummer

Seeelefant Schwimmmeisterschaft

4 **Trenne die zusammengesetzten Wörter aus Übung 3 und schreibe sie auf.**

Roll-laden,

Einen Text bearbeiten

Zu viel Luft
Frieda feiert Geburtstag.
Ihr Freund Konrad darf die Kerzen auf dem Schokoladenkuchen anzünden.
Das Streichholz will aber nicht angehen.
Er versucht es immer wieder.
Endlich brennen alle Kerzen.
Schnell pustet er das Streichholz aus.
Oje! Jetzt hat er acht Kerzen mit ausgepustet.
Es brennt nur noch eine.

1 **Lies Wort für Wort und in Silben gegliedert.**

2 **Markiere die schwierigen Stellen.**

3 Decke ein Wort oder Teile eines Satzes ab und schreibe sie auswendig auf.

4 Vergleiche deinen Text Wort für Wort mit der Vorlage. Markiere die falsch geschriebenen Wörter. Verbessere sie.

Einen Text kontrollieren und verbessern

|| **immer berkab**

| Frieda braucht ein bisschen bewegung. Mit ihrer

|| freundin möchte sie sich im Schwimbad

||||| schwapp trefen. sie steikt auf ir Fahrrad.

|| Der Korp mit ihren Sachen stet schon auf dem

||| Gepäcktreger. Der schnelste weg zum

||| Schwimmbad get immer berkab. Heute komt

||| der Wint auch noch von hinten. das past gut.

| Von so einer rasanten fahrt kann man nur

||| treumen. An die Rükfahrt den Berk hinauf

| dengt sie noch nicht.

1 **Jeder Satz enthält Fehler. Suche sie.**

2 **Lies die Regeln auf S. 79. Sie helfen dir, die Fehler zu finden.**

3 **Streiche die falsch geschriebenen Wörter durch und schreibe sie richtig darüber. Überprüfe mithilfe der Lösungsseiten.**

Eigennamen,
Nomen,
Satzanfänge und
Überschriften
werden
großgeschrieben.
→ S. 6–21

Artikelwörter weisen auf
ein Nomen hin:
der/die/das, ein/eine/ein,
kein/keine/kein, dieser/diese/dieses,
jeder/jede/jedes, die, alle, einige
→ S. 8–9

In manchen Wörtern wird
das h durch Verlängern
hörbar.
→ S. 28–29, 38–39, 60

Folgende Nachbausteine
kennzeichnen ein
Nomen:
-heit, -keit, -ung,
-nis, -in.
→ S. 10–13

b, g, d am Ende eines einsilbigen
Wortes oder einer Silbe werden
durch Verlängern hörbar.
→ S. 24–26, 38–39

e oder ä, eu oder äu?
Wenn es zu einem Wort ein
verwandtes Wort mit a/au
gibt, wird es mit ä/äu
geschrieben.
→ S. 30–31, 38–39

Nach einem kurzen betonten
Vokal stehen mindestens
zwei verschiedene oder zwei
gleiche Konsonanten.
→ S. 40–51, 62–63

Fachbegriffe

Fachbegriff	Erklärung	Beispiel
Vokal	Selbstlaut	a, e, i, o, u
Konsonant	Mitlaut	b, c, d, f, g, ...
Anlaut	Laut am Anfang eines Wortes	backen – packen Straße
Auslaut	Laut am Ende eines Wortes	Hand, Berg, Korb
Silbe	Wörter kann man in Silben gliedern.	Ro bo ter
stummes h	Das stumme h kann man beim Verlängern nicht hören.	der Hahn – die Hähne
silben-trennendes h	Das silbentrennende h hört man beim Verlängern am Silbenanfang.	das Reh – die Re-he
Nomen	Substantiv	der Hund, die Brille, das Glück
Artikelwort	Begleiter	der, die, das ein, eine, ein kein, keine, kein dieser, diese, dieses jeder, jede, jedes
Singular	Einzahl	der Baum
Plural	Mehrzahl	die Bäume
Adjektiv	zur Bezeichnung einer Eigenschaft	schön, freundlich, blau
Verb	zur Bezeichnung einer Tätigkeit oder eines Geschehens	lachen
Pronomen	Fürwort → Personalpronomen	ich, du, er, sie, es, wir, ihr, sie
Wortstamm	der Teil des Wortes, den die Wörter einer Wortfamilie gemeinsam haben	kauf → Kaufhaus, verkaufen, unverkäuflich
Vorbaustein	vorangestellter Wortbaustein, Vorsilbe	ein- → einkaufen
Nachbau-stein	nachgestellter Wortbaustein, Nachsilbe	-heit → die Gesundheit